Kinder, Kinder!

von Drew de Soto

Ein Balanceakt

0+

Glückwunsch, ein Bäuerchen!

0+

SEX

„Das passiert uns nie!“

0+

Sie pinkeln euch an und finden es auch noch komisch.

Übernachten

früher
heute

0+

Badewanne

0+

vorher
nachher

0+

Hochrisikozone

1+

„Die Räder am Bus
drehen sich rundherum,
rundherum, rundherum …“

Bis zum Erbrechen

1+

Schwimm-windeln nicht vergessen!

1+

LieBÄR nicht verlieren!

1+

Schnuller 2.0

2+

Straßenrand-Toilette

2+

Unvorstellbare Schmerzen

2+

Manchmal Immer Niemals

2+

Der Vollstrecker

2+

Massen-vernichtungs-waffe

2+

Chips

Verhandlungs-masse

2+

Stereotype sind unausweichlich

Verabredungen

ihre Vorstellung

eure Vorstellung

Warum? Warum? Warum ist die Banane krumm?

3+

Kinderkarte

„Was möchtest du essen?"

- ☐ Nichts.
- ☐ Ich mag das nicht.
- ☐ Hab keinen Hunger.

Ah, sch...!

Vorsicht, sofortiges Nachplappern!

3+

Kauft Feuchttuch-Aktien!

Manchmal Immer Niemals

3+

Helm, Arm- und Knieschoner, Kinderunfall-versicherung ... und schon geht's los!

3+

MÜLL

Das Familienauto

3+

Höllenqualen

3+

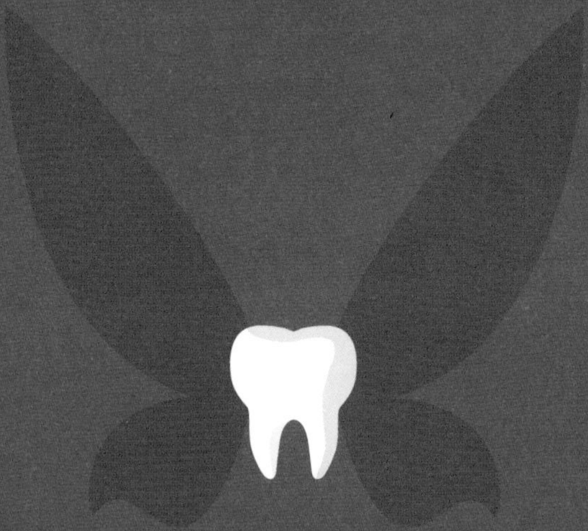

Bares für Rares

5+

„Das nächste Mal kaufen wir nur den Karton!“

Letztendlich haben wir einfach Glück.

Originaltext: Fitzroy de Soto
Zusätzliche Beiträge: Bee de Soto
Illustrationen: Drew de Soto, Cris Convery und Ben Midson

Originaltext: Fitzroy de Soto
Zusätzliche Beiträge: Bee de Soto
Illustrationen: Drew de Soto, Cris Convery, Ben Midson
Design: Navig8, www.navig8.co.uk

Übersetzung aus dem Englischen: Anna Christiane Gülicher-Loll
Satz: lesezeichen Verlagsdienste, Köln
Projektleitung: hauffe publishing, Dortmund

ISBN: 978-3-96244-059-6
1. Auflage 2018
Hergestellt in Litauen

BIS Publishers
Für Laurence King Verlag GmbH
Jablonskistraße 27
10405 Berlin
www.laurencekingverlag.de